BEI GRIN MACHT SICH IHR WISSEN BEZAHLT

Bibliografische Information der Deutschen Nationalbibliothek:

Die Deutsche Bibliothek verzeichnet diese Publikation in der Deutschen National-bibliografie; detaillierte bibliografische Daten sind im Internet über http://dnb.d-nb.de/ abrufbar.

Impressum:

Copyright © 2018 GRIN Verlag
Druck und Bindung: Books on Demand GmbH, Norderstedt Germany
ISBN: 9783346173355

Riccarda Jung

Rahmenbedingung der Personal- und Organisationspsychologie. Virtuelle Teams, Arbeitskraftunternehmer und fragmentierte Erwerbsbiografien

GRIN Verlag

GRIN - Your knowledge has value

Der GRIN Verlag publiziert seit 1998 wissenschaftliche Arbeiten von Studenten, Hochschullehrern und anderen Akademikern als eBook und gedrucktes Buch. Die Verlagswebsite www.grin.com ist die ideale Plattform zur Veröffentlichung von Hausarbeiten, Abschlussarbeiten, wissenschaftlichen Aufsätzen, Dissertationen und Fachbüchern.

Einsendeaufgabe

Virtuelle Teams
Arbeitskraftunternehmer
Fragmentierte Erwerbsbiographien

Modul:	Rahmenbedingungen der PO / HRM
Studiengang:	Wirtschaftspsychologie
Semester:	3. Semester

von Riccarda
Jung

Inhaltsverzeichnis

Abbildungsverzeichnis

1. B1 virtuelle Teams

Als **virtuelle Teams** werden flexible Gruppen standortverteilter und ortsunabhängiger Mitarbeiter (m/w) bezeichnet, die auf der Grundlage von gemeinsamen Zielen ergebnisorientiert zusammengestellt werden und informationstechnisch miteinander vernetzt werden[1]. Anders formuliert, meint das ,virtuell' eine elektronische Repräsentation in einer von Computern oder Internet-Applikationen zugängliche Form[2]. Die Globalisierung und das Web 2.0 haben virtuelle Teams erst möglich gemacht und beeinflussen Rollen, Prozesse und Projekte im Unternehmen. Wissen, das früher nur einem kleinen Kreis zur Verfügung gestanden hat, ist heute für viele zugänglich. Durch Medien, Social Software und Kommunikationskanäle via E-Mail oder Chat muss nicht mehr über den Vorgesetzten und dessen Vorzimmer kommuniziert werden, jeder kann jeden auch in verschiedenen Standorten des Unternehmens ganz einfach kontaktieren[3]. Da meistens die Nutzung von Informations- und Kommunikationstechnologien im Vordergrund steht, werden virtuelle Teams auch als Telekooperation definiert[4]. „Telekooperation bezeichnet eine mediengestützte arbeitsteilige Leistungserstellung von individuellen Aufgabenträgern, Organisationseinheiten und ganzen Organisationen, die über mehrere Standorte verteilt sind"[5]. Ein weiterer Begriff der zusammen mit dem Begriff virtuelle Teams erläutert werden soll, ist die Telearbeit. Telearbeit wird als Erwerbstätigkeit definiert, die ganz oder teilweise außerhalb der Betriebsstätte bzw. dem Firmensitz durch elektronische Informationstechnologien und deren Dienste verrichtet werden kann. Wird der Begriff Telearbeit um die zwischen- und überbetriebliche Kommunikation und Kooperation erweitert, ist die Telearbeit als Grundelement von virtuellen Teams zu verstehen[6].

Welche Chancen und Risiken bringen virtuelle Teams mit sich?

---

[1] Vgl. Konradt und Hertel (2002), S. 18
[2] Vgl. Konradt und Hertel (2002), S. 13
[3] Vgl. App (2013), S. 10 ff
[4] Vgl. Langemeier (2008), S. 68
[5] Reichwald & Möslein (1996) zitiert nach Konradt und Hertel (2002), S. 13
[6] Vgl. Konradt und Hertel (2002), S. 15, 17 f

Für ein Unternehmen hat ein virtuelles Team die Vorteile, dass Kosten gespart werden[7], die Teammitglieder an verschiedenen Standorten verteilt sein können, der Dienstsitz somit in der gewünschten Stadt sein kann und eine hohe zeitliche Autonomie der Mitarbeiter gewährt ist. Schwierig ist an dieser Stelle, dass nur wenig Interaktion zwischen den Mitarbeitern und Vorgesetzten und nur bedingt die Leistungsbeurteilung der Mitarbeiter möglich ist. Der Mitarbeiter im Homeoffice hat die Vorteile die eigenen Arbeitszeiten relativ frei einzuteilen und durch die fehlenden Fahrzeiten mehr Freizeit zu haben. Hierbei besteht jedoch die Gefahr der Isolation von den Arbeitskollegen und sozialen Kontakten im Unternehmen. Auch für Projektarbeiten kommen durch die Möglichkeit der virtuellen Teams Vorteile, wie Einsparungen von Reisekosten und Nutzung des Knowhows der internationalen Kollegen, hinzu. Riskiert wird hierbei, dass sprachliche Missverständnisse und Interessenskonflikte zwischen Linien- und Projektaufgaben auftreten können[8]. Ein weiterer Vorteil besteht bereits bei der Auswahl und Zusammensetzung der einzelnen Mitglieder der Teams. Die Besetzung ist nicht mehr notgedrungen von der räumlichen Verfügbarkeit, z.B. von dem Wohnort oder der Umzugsbereitschaft der Mitglieder, abhängig, sondern kann anhand der fachlichen Qualifikationen bestimmt werden. Also kann überregionales bzw. internationales Spezial- und Expertenwissen unbegrenzt genutzt werden[9]. Weitere Herausforderung, die virtuelle Teams im Gegensatz zu Präsenzteams bewältigen müssen, sind die unterschiedlichen Zeitzonen, Arbeitsrhythmen bzw. Arbeitszeiten der einzelnen Mitglieder, Missverständnisse aufgrund unterschiedlicher Kulturkreise und die oftmals fehlende Möglichkeit durch Gestik und Mimik zu kommunizieren. Dies begründet, wieso Mitglieder virtueller Teams zusätzliche Kompetenzen, wie z.B. die Fähigkeit mit modernen Medien umzugehen, noch bessere Kommunikationsfähigkeit und Diversity Management besonders im interkulturellen und interreligiösen Bereich, benötigen. Hierzu im nächsten Absatz mehr[10].

---

[7] Vgl. Konradt und Hertel (2002), S. 30
[8] Vgl. App (2013), S. 10 ff
[9] Vgl. Konradt und Hertel (2002), S. 30
[10] Vgl. App (2013), S. 28 ff

Für eine **Führungskraft** eines Präsenzteams, die gleichzeitig Mitglied in einem virtuellen Projekt ist, entstehen durch diese Rollenvielfalt neue Herausforderungen in ihrer Arbeitswelt. Sie muss allen Rollen im Unternehmen in adäquater Form gerecht werden, sie muss ein sehr gutes Zeitmanagement führen, um alle Aufgaben pünktlich zu erledigen und sie muss gleichzeitig entscheiden, welche Teile ihrer Aufgaben sie an ihre Mitarbeiter delegieren kann, um mehr Zeit für die neuen virtuellen Projekte zu haben. Weiterhin können die Kollegen des virtuellen Teams auf der ganzen Welt verteilt sein, weshalb sie sich auf deren Arbeits- und Kommunikationsstile einstellen und ihre Englischkenntnisse optimieren muss. Dies alles funktioniert auch nur dann, wenn die Führungskraft mit den aktuellen Medien umzugehen weiß[11].

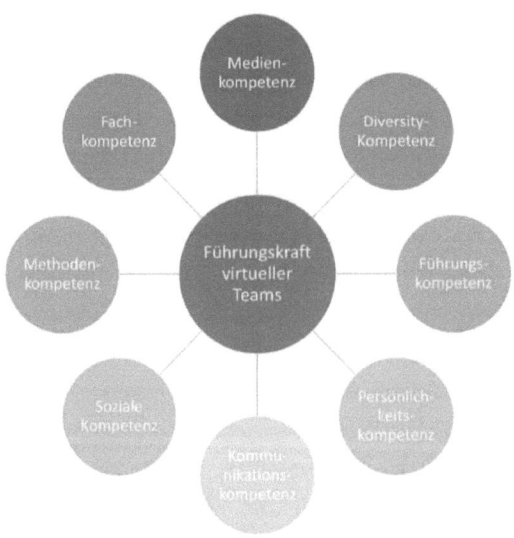

Abbildung 1 - Kompetenzen von Führungskräften virtueller Teams, vgl. App (2013), S. 44, eigene Darstellung

Welche Kompetenzen benötigt also eine Führungskraft eines virtuellen Teams genau?

In Kurzfassung zeichnet sich eine gute Führungskraft eines virtuellen Teams dadurch aus, dass sie niedrige Kontrollbedürfnisse, eine hohe partizipative Orientierung, Fairness und Integrität, sozioemotionale Sensibilität,

---

[11] Vgl. App (2013), S: 10 ff

kommunikative Fähigkeiten, realistische Ziele, motivierende Visionen, Toleranz und Sensibilität aufweist[12]. Eine Führungskraft braucht also nicht in allen Teilbereichen eines Projekts tiefgehend Kenntnis, aber umfassend Kenntnis, um die Teammitglieder beurteilen und die Aufwände für Teilaufgaben realistisch einschätzen zu können. Es werden fundierte Projektmanagement Kenntnisse benötigt, um das Projekt termin- und budgetgerecht abzuschließen. Es müssen Telefonkonferenzen koordiniert und Konflikte in virtuellen Räumen rechtzeitig erkannt und mit adäquaten Maßnahmen gelöst werden. Es muss Vertrauen zu den einzelnen Mitgliedern ohne persönlichen Kontakt aufgebaut werden können und es müssen die Interessen aller Teammitglieder auf einen gemeinsamen Nenner gebracht und Interessenskonflikte konstruktiv gelöst werden. Neben sehr guten Englischkenntnissen in Wort und Schrift, sollten Führungskräfte Erfahrungen als Moderator virtueller Meetings, Communities und Telefon- bzw. Videokonferenzen haben. Weiterhin sollte durch gutes Wahrnehmungsvermögen durch Stimmenklang bei Telefonaten beispielsweise die Stimmung im Team erkannt werden können. Auch Empathie und emotionale Intelligenz, aber auch Durchsetzungsvermögen, gehören zu den geforderten Kompetenzen. Wichtig ist auch positives Feedback und angemessene Wertschätzung über die räumliche Distanz zum Ausdruck zu bringen, um die Mitarbeiter motiviert zu halten. Führungskräfte sollten sehr tolerant bezüglich Alter, ethnischer Herkunft, Religion, Wertesystem, Persönlichkeiten und Geschlecht und somit offen gegenüber fremden Kulturen, Sichtweisen und Lebenseinstellungen sein. Aufgrund der Vorbildfunktion, sollte ein gesundes Selbstbewusstsein, Selbstmanagement-Fähigkeiten, souveränes und repräsentatives Verhalten nicht fehlen. Rückschläge sollten Führungskräfte nicht entmutigen, sie sollten über viel Engagement, positive Haltung und Eigenmotivation verfügen. Dennoch sollten eigene Warnsignale und die der Mitglieder erkannt und Gegenmaßnahmen eingeleitet werden, sodass Überlastung, Burnout und zu viel Stress verhindert werden kann[13].

Welche Kompetenzen benötigen Teammitglieder eines virtuellen Teams?

---

[12] Vgl. Konradt und Hertel (2002), S. 51
[13] Vgl. App (2013), S. 42 ff

7

In Kurzfassung sollte ein Mitglied eines virtuellen Teams folgende Faktoren mitbringen: gute Computerkenntnisse, Eigeninitiative, Flexibilität, Kreativität, Selbstkontrolle, Selbstmanagement, Verlässlichkeit, Gewissenhaftigkeit, Motivation, verbale und soziale Fähigkeiten, Vertrauensbereitschaft, Teamorientierung, Konfliktfähigkeit und Eigenverantwortlichkeit[14]. Wichtig ist nicht nur die fachliche Kompetenz, sondern, dass sich die einzelnen Teammitglieder in ihren Kompetenzen gegenseitig ergänzen. Weiterhin benötigen sie eine hohe Selbstmotivation und Frustrationstoleranz. Natürlich dürfen ähnlich wie bei der Führungskraft Methodenkenntnis, Englischkenntnisse, Kommunikationsfähigkeit, Selbstorganisation, Verantwortungsbewusstsein, Teamfähigkeit, Kooperationsfähigkeit, Meinungs-, Kultur- und Religionstoleranz, Flexibilität und Problemlösekompetenz nicht fehlen[15].

Was ist nötig, um die Vorteile und Potenziale eines virtuellen Teams in einem Unternehmen auszuschöpfen?

Im folgenden Kapitel sollen nun Anwendungsbedingungen und Gestaltungsfelder besprochen werden. Grundregel Nummer 1 ist, dass nicht jede Aufgabe für virtuellen Teams geeignet ist. Sind anschließende **Bedingungen** gegeben, ist die **Tätigkeit** in höherem Maße geeignet:

- wenig manuell-handwerkliche Tätigkeiten
- geringe physikalische und apparative Anforderungen
- gute Teilbarkeit einzelner Aufgaben, z.B. hinsichtlich Produkte und Dienstleistungen
- klar definierte, messbare Arbeitsleistung
- Aufgaben die ohnehin die Erzeugung und Weiterverarbeitung von Daten in digitaler Form erfordern

Folgende Aufgabenbereiche sind über Medien und Informationstechnologien gut abzubilden:

- Führungsaufgaben, wie Motivation, Problemlösung und Entscheidungsfindung (Führungskräfte und Geschäftsführer)
- Fachaufgaben, die durch Faktoren wie Fachwissen, Selbstorganisation, Eigeninitiative und Strukturierung von Aufgaben geprägt sind (Experten, Wissenschaftler und Steuerberater)[16]

---

[14] Vgl. Konradt und Hertel (2002), S. 53
[15] Vgl. App (2013), S. 52 ff
[16] Vgl. Konradt und Hertel (2002), S. 39 ff

- Sachbearbeitung von wiederkehrenden und bereits strukturierten Aufgaben (Sachbearbeiter, Verwaltungsangestellte und Buchhalter)
- Unterstützungsaufgaben, wie die Informationsverarbeitung und – Bearbeitung (Sekretäre, Schreibkräfte und Telefonisten)

Als zweite Beeinflussung des Erfolgs von virtuellen Teams ist die **Qualifikation und Motivation der Mitarbeiter** (m/w) zu nennen. Hier sind nicht nur Fähigkeiten, sondern auch Arbeitseinstellungen, Arbeitshaltungen, wie selbstständiges Arbeiten, und Arbeitsstile, wie planvolle und disziplinierte Arbeitsweisen, von Bedeutung. Bezüglich der Qualifikationen siehe für detailliertere Informationen Seite 7 die Kompetenzen, die eine Führungskraft und ein Mitglied eines virtuellen Teams mit sich bringen sollten. Ein weiterer wesentlicher Punkt der Erfolgsregel ist die **Organisationsstruktur**. Hier ist die Eigenverantwortlichkeit, die den Beteiligten übertragen wird, und die Art der eingesetzten Managementinstrumente von Bedeutung. Der vierte Faktor beinhaltet die **Instrumente und das Arbeitsumfeld**. Eine von dem Einsatz von Telekommunikationstechnik abhängige Tätigkeit benötigt zur Verrichtung zwangsläufig nötige Verfügbarkeit und Beherrschung geeigneter Technologien und Tools. Folgende Faktoren sollte das Arbeitsumfeld bei einem Heimarbeitsplatz erfüllen:

- Existenz eines einzelnen, von dem familiären Wohnbereich abgetrennter, Raumes für die Ausübung der Tätigkeit
- Genügend Platz und Möglichkeit wichtige Daten zu verwahren
- Möbel und Hardware entsprechend den Anforderungen der Bildschirmarbeitsplatzverordnung
- Umgebungsfaktoren wie Licht, Temperatur, Luftzufuhr etc. entsprechen den ergonomischen Minimalanforderungen[17]

Wie wird ein virtuelles Team in ein Unternehmen etabliert?

Hierfür wird ein Managementkonzept benötigt, welches speziell für virtuelle Teams von Konradt und Hertel entwickelt wurde. Dieses Konzept ist in fünf Phasen eingeteilt. In der ersten Phase hat das Management zur Aufgabe die Teamleiter und die Mitarbeiter auszuwählen, also das Team aufzubauen. Beispielsweise sollte jedem Mitglied bewusst sein, an welche Person (Teamleiter) sich in Konfliktsituationen gewendet werden soll. Es müssen[18]

---

[17] Vgl. Konradt und Hertel (2002), S. 39 ff
[18] Vgl. Konradt und Hertel (2002), S. 47

strukturelle Bedingungen und der Zuschnitt der Aufgaben konfiguriert werden. Beispielsweise müssen hier Prioritäten und Reihenfolgen der Bearbeitung unterschiedlicher Produkte oder Kunden festgelegt werden. In der zweiten Phase wird die Teamarbeit durch Kick-Off-Veranstaltungen und Regelwerke gestartet und initiiert. In der dritten Phase müssen Motivation, Förderung von Vertrauen und Konfliktmanagement reguliert und aufgebaut werden. Es muss z.b. einem Mitglied bewusst sein, wie er ein Problem kommuniziert (via Mail oder telefonisch) werden soll. In Phase vier findet die Optimierung und Korrektur der Prozessentwicklung, Evaluationsmaßnahme und Trainings Einzug. Hier kann beispielsweise geprüft werden, ob bisherige Prozesse und Reihenfolgen zeitlich optimaler gestaltet werden können, sodass alle Mitglieder einen Vorteil daraus ziehen können. In der letzten Phase und der gleichzeitigen Beendigung der Teamarbeit, sollte der Erfolg gewürdigt und die Neuorientierung der Mitarbeiter stattfinden[19]. Beispielsweise könnte eine Abschlussfeier mit Vergabe kleiner Aufmerksamkeiten und Awards zu besonderen Leistungen veranstaltet werden. Um die Etablierung in multikulturellen und multinationalen Teams erfolgreich durchzuführen, haben Smith und Noakes vier weitere Phasen entwickelt. Als erstes sollte das Wissen über die anderen Mitglieder durch Einigung auf eine Gruppensprache und vertrauensbildende Gespräche erzielt werden. In der zweiten Phase geht es um die Aufgabenteilung und Koordination. Beispielsweise sollte allen Mitgliedern bewusst sein, welcher Ansprechpartner für welches konkrete Aufgabengebiet in welchem Land zuständig ist, um die Kommunikation zu erleichtern. Hier werden Ziele und Formen der Zusammenarbeit festgelegt, Zeithorizonte geklärt und Regeln zur Führung und Hierarchie vereinbart. In der nächsten Phase wird der Umgang miteinander festgelegt. Dies dient der Stärkung des gegenseitigen Vertrauens trotz unterschiedlicher nationaler Zugehörigkeiten. Beispielsweise könnte festgelegt werden, dass bevor „negative" Mails mit allen Gruppenmitgliedern im Verteiler versendet werden, die entsprechende Person kurz telefonisch kontaktiert werden soll. In der letzten Phase sollen sich die Mitglieder der Gruppe gegenüber verpflichten, indem alle gemeinsam, intensiv und gleichberechtigt zusammenarbeiten[20].

---

[19] Vgl. Konradt und Hertel (2002), S. 47
[20] Vgl. Smith und Noakes (1996) zitiert nach Konradt und Hertel (2002), S. 63

2. B2 – Arbeitskraftunternehmer

Hans Pongratz und Günter Voß gehen davon aus, dass auf der Ebene der Arbeitskraft eine Entgrenzung stattfindet, was als Arbeitskraftunternehmer bezeichnet wird. Kennzeichen des neuen Typus des Arbeitnehmers sind eine erweiterte Selbstkontrolle, die Ausbreitung der Prioritäten auf eigene Arbeitsfähigkeiten und –Leistungen sowie die Verbetrieblichung der alltäglichen Lebensführung bzw. die Veränderung der Arbeitsbeziehung[21]. In anderen Worten ist der Arbeitskraftunternehmer durch „eine neuartige Logik der betrieblichen Steuerung und Nutzung von Arbeitsfähigkeiten, ein verändertes Verhältnis der Arbeitsperson zur ökonomischen Verwertung ihrer Kompetenzen und eine neue Qualität der Ausrichtung des alltäglichen Lebenshintergrundes auf die Erfordernisse der Erwerbssphäre" gekennzeichnet[22].

Das Arbeitskraft eine besondere Ware ist, lässt sich daran erkennen, dass immer mehr in die Entwicklung von Arbeitsfähigkeiten investiert wird und es Arbeitsmärkte gibt, auf welchen konkurrenzbedingte Angebot und Nachfrage herrscht, sodass individuelle Vertragsbedingungen ausgehandelt und vertraglich fixiert werden. Unternehmen sind bereit für selbstständige, innovative Arbeitskräfte leistungsfördernde Arbeitsbedingungen zu schaffen und Freiräume bei der Arbeitsausführung zur Autonomiegewinnung einzuräumen. Dies jedoch steigert den Leistungsdruck enorm. Weiterhin verändert sich die Arbeitsbeziehung zwischen Arbeitnehmer und Arbeitgeber. Es wandelt sich vom gesicherten und standardisierten Arbeitnehmerstatus, also dem „Arbeitnehmer" hin zum temporären Auftragsnehmer[23]. Weiterhin ist der Trend hin zu einer Flexibilisierung und Deregulierung von Arbeitszeiten und Beschäftigungsformen. Die Einführung von Werkverträgen, Arbeitsbefristung, Leiharbeit, Teilzeitarbeit, Heimarbeit und Outsourcing gehört zur neuen Veränderung, die sich seit Anfang der 80er Jahre anbahnt. Neue Managementkonzepte, deren Leitgedanke die[24]

---

[21] Vgl. Pongratz und Voß (1998), S. 1 ff
[22] Voß (31. Jg./1998), S. 477
[23] Vgl. Pongratz und Voß (1998), S. 1 ff
[24] Vgl. Kravaritou-Manitakis (1988); Staehle (1991), S. 785ff zitiert nach Pongratz und Voß (1998), S. 5

Führung durch Zielvereinbarung ist, haben weitere Freiräume eingeräumt. Die Mitbestimmung des Arbeitnehmers bei der Zielformulierung, die Beschränkung auf die Kontrolle der Zwischenergebnisse und die freie Gestaltung der Ausführung, hatte zum Ziel zu motivieren und die Arbeitnehmer effektiver arbeiten zu lassen[25]. Diese Dynamik geht jedoch nicht nur von den Unternehmen aus. Die vielfältige gesellschaftliche Entwicklung und der sogenannte Wertewandel haben die Arbeitsansprüche der Arbeitnehmer hin zur Selbstbestimmung und Sinnbezug verändert[26]. Eng kontrollierte Arbeitskraftnutzungsstrategien, wie z.B. die Fließbandarbeit, haben sich als unzureichend erwiesen, da somit keine weitere Produktivitätssteigerung erzielt werden kann. Denn weitere Kontrollverschärfungen verursachen in vielen Bereichen überproportional steigende Kosten, beschränkt die Leistungsbereitschaft und beeinträchtigt die immer wichtig werdenden Fähigkeiten der Arbeitskraft, schnell und kreativ auf komplexe Anforderungen zu reagieren. Durch das Weggehen von der direkten Kontrolle, kann die indirekte Steuerung von Arbeitsprozessen bzw. die Steuerung auf systemisch höherer Ebene mit gezielter Kontrolle strategischer Parameter, wie Kosten, Qualität, Produktivität etc., effektiver durchgeführt und verfeinert werden.

Die zunehmende Selbstkontrolle lässt sich beispielsweise in die Dimension der Flexibilisierung der Arbeitszeiten bzw. das selbstständige, aktive und zeitliche Strukturieren der eigenen Aufgaben oder in die Dimension der Flexibilisierung des Arbeitsraums und alltägliche Mobilisierung sowie die räumliche Eigenkontrolle einteilen. Auch Eigenmotivation und die Fähigkeit mit Informations- und Kommunikationstechnologien umgehen zu können, wird vorausgesetzt.

Der Übergang vom vorberuflichten Arbeitnehmer zum Arbeitskraftunternehmer bringt nicht nur die Änderung der Beziehung zwischen Arbeitskraft und Unternehmen mit sich, sondern definiert den Begriff Arbeitsvermögen neu. Der[27]

---

[25] Vgl. Kravaritou-Manitakis (1988); Staehle (1991), S. 785ff zitiert nach Pongratz und Voß (1998), S. 5
[26] Vgl. Bolte und Voß (1988); Baethge (1991) zitiert nach Pongratz und Voß (1998), S. 5
[27] Vgl. Pongratz und Voß (1998), S. 9 ff

Arbeitskraftunternehmer ist die gesellschaftliche Form der Ware Arbeitskraft, bei welcher der Arbeitnehmer nicht mehr primär latentes Arbeitsvermögen an ein Unternehmen verkauft, sondern kontinuierlich seine Arbeitsleistung selbstorganisiert und selbstkontrolliert Unternehmen anbietet, sich sozusagen „Käufer" für seine Arbeitsleistung sucht[28]. Dies hat zur Folge, dass sich nun Beschäftigte auf dem Arbeitsmarkt und innerhalb des Beschäftigungsverhältnisses anders verhalten müssen. Voß nennt dies die **Selbst-Ökonomisierung** der Arbeitskraft. Einerseits müssen Arbeitnehmer ihre Leistungen und Fähigkeiten immer mehr zweckgerichtet und kostenbewusst aktiv herstellen bzw. kontinuierlich auf- und ausbauen, um somit zunehmend eine systematische Produktionsökonomie des eigenen Arbeitsvermögens sicherstellen. Andererseits muss die Arbeitskraft ihre Leistungen und Fähigkeiten auf dem betrieblichen und überbetrieblichen Arbeitsmarkt aktiv vermarkten und daher eine verschärfte, individuelle Marktökonomie betreiben. Dies bedeutet, dass der Beschäftigte selbst sicherstellen muss, dass seine Fähigkeit und Leistung gebraucht, gekauft und effektiv genutzt werden[29]. Ein aktuelles Beispiel stellt hierfür das Business Netzwerk Xing dar. Hier präsentieren Arbeitnehmer ihre Fähigkeiten und Leistungen, also ihren Lebenslauf, aktiv auf dem Arbeitsmarkt, um sichtbar für Personaler und Recruiter zu sein sowie sich auf dem Arbeitsmarkt zu positionieren und Geschäftsbeziehungen aufzubauen.

Historisch lässt sich eine Entwicklungslinie vom Proletarier, zum Arbeitnehmer bis hin zum Arbeitskraftunternehmer ziehen, die sich durch mehrere Generationen gezogen und engagierte Interessensvertretungen sowie deutliche staatliche Eingriffe erfordert hat. Der **proletarisierte Lohnarbeiter** der Frühphasen des industriellen Kapitalismus war eine bäuerlich-handwerklich geprägte Arbeitskraft mit nur gering entwickelt fachlichen Qualifikationen. Unternehmen kauften damals das „rohe", durch die physische Leistungsfähigkeit definiertes, Arbeitsvermögen ein. Da die Produktivität durch die Nötigung zur kontinuierlichen Arbeit entsprechend gering ausgefallen ist, wurden die Arbeitszeiten erhöht. Eine bis heute dominierende Form der Arbeitskraft ist der[30]

---

[28] Vgl. Pongratz und Voß (1998), S. 9 ff
[29] Vgl. Voß (31. Jg./1998), S. 478
[30] Vgl. Beck, Brater u. Daheim (1980) zitiert nach Pongratz und Voß (1998), S. 20 ff

verberuflichte (Massen-)Arbeitnehmer der fortgeschrittenen Industrialisierung (Fordismus). Bei dieser Form des Arbeitsvermögens werden weitgehend standardisierte und systematisch entwickelte Fachqualifikationen und extrafunktionale Fähigkeiten gefördert. Bei der Transformation von Arbeitskraft in Arbeitsleistung wird in die innere Disziplinierung der Arbeitskräfte selbst vertraut. Hier wird mit psycho-sozialen Motivierungstechniken angeknüpft und versucht systematisch, organisatorisch und maschinengestützt die Arbeitsleistungen einer Arbeitskraft je Zeiteinheit, durch massive Arbeitsintensivierung im Austausch gegen Arbeitszeitverkürzung, zu erhöhen. Dies geht wiederum mit Lohnsteigerungen einher und bedarf dem sozialen Schutz der Arbeitskraft durch staatliche Maßnahmen und gewerkschaftliche Regulierungen. Der **verbetrieblichte Arbeitskraftunternehmer** des Post-Fordismus stellt nun die neue Grundform der gesellschaftlichen Verfassung von Arbeitskraft dar. Hier spielt zwar weiterhin die im Bildungssystem erworbene, mehr oder minder standardisierte, Fähigkeitskombination eine zentrale Rolle für die Berufsqualifizierung. Es wird aber zunehmend wichtiger, welche vorweisbaren Arbeitsergebnisse und Berufserfahrungen bis dato erzielt werden konnten und nicht, welcher Berufsabschluss erreicht wurde. Die persönliche und soziale Identität des Arbeitnehmers bildet sich aus den unterschiedlichen Leistungen und Erfahrungen sowie die individuellen Berufe und Tätigkeiten, die in dem beruflichen Werdegang gemacht werden konnten und immer weniger aus den Bildungs- und Berufstiteln[31]. Der Arbeitskraftunternehmer unterscheidet sich zu seinem Vorgänger dahingehend, dass seine Kapazitäten weiterentwickelt sind und intensiver genutzt werden können. Es ist eine von frühindustriellen Fähigkeits- und Motivationsgrenzen befreite Form und ermöglicht die Potentiale von Menschen für ökonomische Zwecke zu nutzen. ‚Diese Form von Arbeitskraft könnte zukünftig zu einem neuen Leittypus der gesellschaftlichen Verfassung von Arbeitskraft in einer verstärkt marktorientieren und globalisierten Wirtschaft werden'[32].

---

[31] Vgl. Beck, Brater u. Daheim (1980) zitiert nach Pongratz und Voß (1998), S. 20 ff
[32] Voß (31. Jg./1998), S. 478 f

Anschließend zusammenfasend die Merkmale des Arbeitskraftunternehmers:

- **Selbst-Kontrolle:**
  „verstärkte selbstständige Planung, Steuerung und Überwachung der eigenen Tätigkeit"
- **Selbst-Ökonomisierung:**
  „Zunehmende aktiv zweckgerichtete Produktion und Vermarktung der eigenen Fähigkeiten und Leistungen – auf dem Arbeitsmarkt sowie innerhalb von Betrieben"
- **Selbst-Rationalisierung:**
  „Wachsende bewusste Durchorganisation von Alltag und Lebensverlauf sowie Tendenz zur „Verbetrieblichung" der Lebensführung"[33]

3. B3 – Fragmentierte Erwerbsbiografien

Fragmentierte Erwerbsbiografien sind Lebensläufe bzw. Arbeitsleben von Arbeitnehmern, die mehr oder weniger häufig Brüche aufweisen. Solche Brüche können Punkte wie Phasen von Erwerbslosigkeit, Wechsel des Arbeitgebers, Wechsel der beruflichen Aufgaben sowie Wechsel des gelernten bzw. ausgeübten Berufs sein. Diskontinuierliche oder entstandardisierte Lebensläufe beziehen sich auf die gesamte Biographie eines Individuums und können Ereignisse wie Ehescheidung, Wechsel des Lebenspartners, Geburt von Kindern, Umzug, sehr früher Austritt aus dem Erwerbsleben oder einschneidende Erkrankungen sein[34]. Dennoch ist Arbeit ein wichtiger Strukturgeber von Biografie und Lebenslauf. Für viele Individuen stellt Arbeit einen wesentlichen Lebensinhalt oder eine bedeutende Quelle für Ressourcen dar. Doch die Zahl der Berufe, die ein Individuum innerhalb seines Lebenslaufes ausführt, steigt. Diese Diskontinuität weist darauf hin, dass Arbeit und Beruf keine fixe Eigenschaft ist, sondern dass es sich um ein dynamisches Projekt mit Verweisungsstationen und Brüchen handelt[35].

---

[33] Pongratz u. Voß (2000) zitiert nach Ewers (2006) zitiert nach Breger (2014), S. 98
[34] Vgl. Sackmann (2007) zitiert nach Breger (2014), S. 105 ff
[35] Vgl. Sackmann (2013), S. 139 ff

Der Ablauf einer **Erwerbsbiographie** eines Individuums beginnt mit der Berufsauswahl, verläuft weiter mit dem Berufseintritt, hat verschiedene Berufsverläufe und endet mit dem Renteneintritt[36]. Doch gerade die **Normalbiografien** eines Arbeitslebens unterscheiden sich bei Mann und Frau zwischen drei und fünf Phasen. Während bzw. nach der Ablösung vom Elternhaus beginnen der Mann sowie die Frau mit der Schulbildung bzw. mit der Berufsausbildung (siehe Punkt 1 und 2 in Abbildung 2). Der Mann führt jedoch in seiner Aktivitätsphase während der Paarbildung und Familiengründung dauerhaft eine Erwerbstätigkeit zur Sicherung der familiären Reproduktion aus. Die Frau hingegen führt in ihrer Aktivitätsphase nur eine kurze Erwerbstätigkeit (siehe Punkt 3 in Abb. 2) aus, um sich in der Familienphase um die Kinder zu kümmern (siehe Punkt 4 in Abb. 2). Anschließend folgt auf die Verselbständigung der Kinder gegebenenfalls die Wiedereinstiegsphase (siehe Punkt 5 in Abb. 2) der Frau. Diese berufliche Tätigkeit ist dennoch auf die familiären Bedarf und alternative Betreuungsmöglichkeiten, beispielsweise durch eine Teilzeitstelle, abgestimmt[37]. 4,1 Millionen der 12,0 Millionen Frauen in Beschäftigungsverhältnissen arbeiten 2006 in Teilzeit. In 2016 arbeiten 6,8 Millionen der 14,5 Millionen Frauen in Teilzeit. Von den 14,6 Mio. erwerbstätigen Männern hingegen arbeiten 2006 nur 0,9 Mio. und 2016 von 16,8 Mio. nur 1,7 Mio. in Teilzeit. Entsprechend arbeiten Frauen 2016 zu 47% und Männer nur zu 10% in Teilzeit[38]. Abschließend folgt bei Mann und Frau gleichermaßen die Ruhe- bzw. Großelternphase[39].

---

[36] Vgl. Sackmann (2013), S. 139 ff
[37] Vgl. Vomberg (2007) zitiert nach Breger (2014), S. 105 ff
[38] Vgl. Bundesagentur für Arbeit (2017), S. 9
[39] Vgl. Vomberg (2007) zitiert nach Breger (2014), S. 105 ff

„Bunter" Lebenslauf
Beispiel

XXXXXX FOTO XXXXXXX

Anna Beispiel
Beispielstraße 1

00000 Beispielstadt

Beruflicher Werdegang

XX/2015 – heute	Leitung, Personalabteilung Firma E, Beispielstadt (Branche D)	*6 Wechsel,*
XX/2012 – XX/2015	Personalreferent, Personalabteilung Firma D, Beispielstadt (Branche D)	*Übergänge*
XX/2008 – XX/2010	Lohnbuchhalter, Personalabteilung (Teilzeit) Firma C, Beispielstadt (Branche C)	*5 Wiedereinstieg*
XX/2005 – XX/2008	Elternzeit	*4 Familienphase*
01/2002 – XX/2005	Lohnbuchhalter, Buchhaltung (Vollzeit) Firma C, Beispielstadt (Branche B)	*6 Wechsel, Übergänge*
XX/2001 – 12/2001	Arbeitssuchend	
XX/19YY – XX/1999	Sachbearbeiterin, Kundenservice/ Auftragsabwicklung (Vollzeit) Firma B, Beispielstadt (Branche A)	*3 erste Erwerbstätigkeit Aktivitätsphase*

Aus- und Weiterbildung

XX/2010 – XX/2012	Betriebswirtschaftslehre, B. A. Schwerpunkt Personalmanagement	*6 Wechsel,*
XX/1999 – XX/2001	IHK Weiterbildung zum Lohnbuchhalter	*Übergänge*
XX/19YY – XX/19YY	Ausbildung zur Industriekauffrau Firma A, Beispielstadt (Branche A)	*2 Berufsauswahl*
XX/19YY – XX/19YY	Allgemeinbildendes Gymnasium	
XX/19YY – XX/19YY	Grundschule	*1 Schulischer Werdegang*

Abbildung 2 - "bunter" Lebenslauf, eigene Darstellung

Abgesehen von den unterschiedlichen Brüchen in den Biographien von Mann und Frau entwickeln sich stetig neue Veränderungen. Auch wenn die Zahl der allein erziehenden Frauen höher bleibt, als die der allein erziehenden Männer, steigt die Zahl der Alleinerziehenden mit Kindern jährlich[40]. Die Zahl ist von 2,2 Millionen 1996 bis zum Jahr 2016 auf 2,7 Millionen Alleinerziehende gestiegen[41].

---

[40] Vgl. Breger (2014), S. 105 ff
[41] Vgl. Statistisches Bundesamt Statista (2017a)

Zudem passt sich die Normalbiografie der Frauen teilweise an die der Männer an. Immer mehr Frauen sind in Ehen bzw. Lebensgemeinschaften ohne Kinder berufstätig und streben eine berufliche Karriere an bzw. machen Karriere[42]. Die Anzahl der weiblichen Erwerbspersonen der Altersgruppe 15 bis 64 Jahre ist in den 10 Jahren von 2005 bis 2015 um 1,0 Millionen auf 19,2 Millionen gestiegen. Dieser Anstieg ist jedoch mehr auf die Zunahme der weiblichen Teilzeitbeschäftigungen zurückzuführen. Die Zahl der vollzeitbeschäftigten Frauen ist faktisch unverändert. Auch die Arbeitslosigkeit konnte bei Frauen von 2015 auf 2016 stärker reduziert werden als bei Männern. Die Arbeitslosenquote von Frauen sank um 0,4% auf 5,8% und bei den Männern um 0,2% auf 6,4%. Hier spielt allerdings auch die Flüchtlingszuwanderung, die überwiegend männlich war, eine zusätzliche Rolle[43]. Weiterhin können sich immer mehr Männer vorstellen ihre Karriere aufzugeben und anstatt der Frau die Familienphase als Hausmann zu übernehmen[44]. 76% der 506 befragten Männer haben im Februar 2017 die Frage, ob sie zugunsten Ihrer Partnerin auf eine berufliche Karriere verzichten und für längere Zeit Hausmann sein würden, mit ‚Ja' beantwortet.[45]

„Diskontinuität definiert sich durch eine Unterbrechung, einen Bruch oder einen Wechsel". Eine Erwerbsbiografie ist dann **diskontinuierlich**, wenn sie spezifische Wechsel oder Übergänge nach dem ersten Berufseintritt, also nach Ausbildung, Studium oder nach dem 25. Lebensjahr, aufweist (siehe Punkt 6 in Abb. 2). Eine Unterbrechung ist gleich einer Pause, nach welcher die Tätigkeit fortgeführt wird (siehe auch Punkt 5 in Abb. 2). Ein Bruch hingegen ist die Beendigung einer Situation, beispielsweise die Arbeitslosigkeit, und der Wechsel ist dann eine neue Erwerbstätigkeit oder neue Lebensphase. Ein Wechsel kann freiwillig oder unfreiwillig, ein einmaliges Ereignis sein oder über einen längeren Zeitraum geschehen. Der Arbeitgeber- oder Tätigkeitswechsel kann von Arbeitnehmer- oder Arbeitgeberseite aus kommen oder ein Arbeitnehmer kann langsam durch den Abbau der Stundenanzahl in der abhängigen Beschäftigung[46]

---

[42] Vgl. Vomberg (2007) zitiert nach Breger (2014), S. 105 ff
[43] Vgl. Bundesagentur für Arbeit (2017), S. 5, 9, 16
[44] Vgl. Vomberg (2007) zitiert nach Breger (2014), S. 105 ff
[45] Vgl. Statistisches Bundesamt Statista (2017b)
[46] Vgl. Vomberg (2007) zitiert nach Breger (2014), S. 109

zum Übergang in die Selbstständigkeit wechseln. Weitere Wechsel bestehen zwischen den Phasen der Berufstätigkeit und Aus- oder Weiterbildung, zwischen Haupterwerbsphase und nebenberuflicher Erwerbsphase, zwischen Erwerbseinkommen und staatlicher Transferleistungen oder zwischen abhängiger, freiberuflicher oder selbstständiger Tätigkeit. Weiterhin kann die Art der Tätigkeit gewechselt werden. Wechsel sind zwischen Ausbildungsberuf und neu erlernten Tätigkeiten, zwischen qualifikationsmäßig unterschiedlichen Tätigkeiten im selben Berufsbereich, zwischen verschiedenen Berufsbereichen, zwischen unterschiedlichen Branchen und zwischen völlig neuen Tätigkeiten in neuen Branchen möglich (siehe auch Abb. 2).

Diskontinuität in Lebensläufen gilt oft als kritisch und krisenhaft zu betrachten. Arbeitslosigkeit ist selten positiv und auch ein häufiger Arbeitgeberwechsel könnte dafür sprechen, dass ein Individuum, aufgrund persönlicher Eigenschaften o.ä., den Job gekündigt bekommt. Doch Individuen mit diskontinuierlichen Erwerbsbiografien haben in unterschiedlichen Arbeitskontexten verschiedene soziale und überfachliche Kompetenzen erworben. Sie können sich gut an Veränderungen anpassen, haben Eigeninitiative entwickelt, können sich in kurzer Zeit neue Aufgaben und Wissensgebiete aneignen und können sich privat so organisieren, dass Brüche im Lebenslauf bewältigt werden. Solche Eigenschaften können für viele betriebliche Aufgaben und für eine Arbeitswelt, die durch Individualisierung und Subjektivierung der Arbeit geprägt ist, sehr nützlich und vorteilhaft sein[47]. Um die Risiken und Chancen der diskontinuierlichen Erwerbsbiografien bewerten zu können, müssen die individuellen sozialen und persönlichen Ressourcen des Individuums, die Sensibilisierung der Unternehmen und die politischen Rahmenbedingungen berücksichtigt werden. Das Individuum hat hier als individuelle Aufgabe, den veränderten Anforderungen des Arbeitsmarktes mit neuen, eigenen Strukturen für sein Arbeitsleben zu begegnen. Es gilt die Diskontinuität im Erwerbsverlauf als individuell zu gestalten, dynamischen Prozess der Kompetenzerweiterung zu bewältigen[48].

---

[47] Vgl. Vomberg (2007) zitiert nach Breger (2014), S. 109
[48] Vgl. Vomberg (2007), S. 66 f

Literaturverzeichnis

App, S. (2013). *Virtuelle Teams* (1. Auflage). München: Haufe Verlag.

Breger, W. (2014). *Arbeitswelten und Organisationen im Wandel* (0588-03, 3. Auflage). Studienbrief. Riedlingen: SRH Fernhochschule.

Bundesagentur für Arbeit. (2017). *Die Arbeitsmarktsituation von Frauen und Männern 2016. Blickpunkt Arbeitsmarkt/Statistik.* Nürnberg.

Konradt, U. & Hertel, G. (2002). *Management virtueller Teams. Von der Telearbeit zum virtuellen Unternehmen* (Management und Karriere). Weinheim: Beltz.

Langemeier, G. (2008, 15. Februar). *Virtuelle Mitglieder in virtuellen Teams.* Dissertation, Universität Hildesheim. Hildesheim. Zugriff am 29.11.17. Verfügbar unter https://hds.hebis.de/ulbda/Record/HEB304152595

Pongratz, H. J. & Voß, G. G. (1998). Der Arbeitskraftunternehmer, Eine neue Grundform der Ware Arbeitskraft? gleichlautender Aufsatz, textidentisch, nicht seitenkonkordant. *Kölner Zeitschrift für Soziologie und Sozialpsychologie,* Jhg. 50 (1), S. 131–158. Zugriff am 05.12.2017. Verfügbar unter http://ggv-webinfo.de/wp-content/uploads/2016/05/AKUKZfSS-Original-neu-formatiert-mit-Abb-1.pdf

Sackmann, R. (2013). *Lebenslaufanalyse und Biografieforschung. Eine Einführung* (Studienskripten zur Soziologie, 2. Aufl.). Wiesbaden: Springer VS. https://doi.org/10.1007/978-3-531-19634-3

Statistisches Bundesamt Statista. (2017a). *Anzahl von Alleinerziehenden in Deutschland von 1996 bis 2016.*

Statistisches Bundesamt Statista. (2017b). *Würden Sie zugunsten Ihrer Partnerin auf eine berufliche Karriere verzichten und für längere Zeit Hausmann sein? Statista-Umfrage von Männern ab 18 Jahren.*

Vomberg, E. (2007). *Chancen "bunter Lebensläufe" für KMU und soziale Einrichtungen. Diskontinuität als Potenzial erkennen, nutzen, fördern* (Continuo). Bielefeld: Bertelsmann.

Voß, G. G. (31. Jg./1998). *Die Entgrenzung von Arbeit und Arbeitskraft. Eine subjektorientierte Interpretation des Wandels der Arbeit.* Nürnberg: Mitteilungen aus der Arbeitsmarkt- und Berufsforschung (MittAB).